チェックノートの使用法

　この地方選挙における投票事務「チェックノート」は，投票管理者や投票立会人，投票事務従事者の心がまえや主な仕事について理解していただくとともに，投票事務上の必要な確認事項を表にしてその正確さをチェックしていただくために作成したものです。

　次の諸点に留意してご使用ください。

① 　まず各自の仕事の心がまえや主な仕事を理解してください。

② 　チェックを行う時間をあらかじめ決めておくなど，チェックに集中できる時間を確保した上で，チェックを実施してください。

③ 　確認項目は投票事務の流れに従って分類作成してありますので，確認欄にチェック（例えば，「○」，「✓」印）してご使用ください。

④ 　☆印の欄は，同時選挙の場合にチェックを要する確認欄ですので，特に注意してご使用ください。

⑤ 　確認項目について必要に応じ根拠法令をあわせて参照してください。

⑥ 　確認事項のゴチック字体の部分については，くり返しご覧ください。

⑦ 　確認事項追加用用紙には，各市町村の必要な項目について適宜記入の上ご使用ください。

※ 　投票区は，「一般の投票区」と「指定投票区」又は「指定関係投票区」の３種類に区別されます。

　「指定投票区」とは，他の投票区に属する選挙人の不在者投票についての受理不受理等の事務を行う投票区をいいます。

　「指定関係投票区」とは，その投票区に属する選挙人の不在者投票についての受理不受理等の事務を上記の指定投票区において処理してもらう投票区をいいます。この指定関係投票区においては，不在者投票に関する事務を処理しないことになります。

　「指定投票区」，「指定関係投票区」とも，市町村の選挙管理委員会が定めます。

　「指定投票区」，「指定関係投票区」のいずれでもないものが，「一般の投票区」で，従来どおりの事務を行うことになります。

　指定投票区か指定関係投票区か，あるいはそのどちらでもないかによって事務内容が異なりますので，自己の担当する投票区がどちらであるか，表紙の投票区名の右に該当する方を丸で囲み，又は該当しない方を抹消していつでも確認できるようにしておいてください。

目　　　次

Ⅰ 投票管理者

1 投票管理者の心がまえ

　投票管理者は，投票所の最高責任者であって，投票立会人の立会のもとに，投票事務従事者を指揮監督して，投票事務を公正適確に処理し，選挙人が自由な意思によって投票できるよう次の諸点に十分注意しなければならない。

① 投票事務の管理，執行に当たっては，投票の秘密保持に特に配慮すること。

② 投票事務は，限られた時間内に適確に判断し処理しなければならないものであるので，勘や過去の経験ばかりに頼らず，常に法規，実例，判例等に根拠をおいて処理し，疑わしい点については，自分の考えだけで処理せず，職務代理者等の意見を聴取し，更に必要に応じ速やかに選挙管理委員会（以下「選管」という。）に問い合わせるなど，適時適切な処理をすること。

③ 投票事務を円滑に誤りなく執行するため，あらかじめ職務代理者，投票事務従事者を十分把握するとともに，投票事務の分担，内容，その進め方等についてよく打ち合わせておくこと。

④ 投票所となる施設について設備は十分か，あらかじめ下見をしておくこと。

2 投票管理者の職務代理者

　投票管理者の職務代理者は，投票管理者に事故があり，又は欠けた場合にはその職務を代理して執行しなければならないので，あらかじめ「投票管理者の心がまえ」，「投票管理者の主な仕事」，「投票管理者の確認事項」をよく理解しておかなければならない。

3 投票管理者の主な仕事

　投票管理者は，投票所において，投票事務全般を管理執行し，また，投票に関する手続のすべてについて最終的な決定権をもつものである。その担任する事務の主なものは次のとおりである。

① 職務代理者，投票事務従事者を把握し，投票事務についてあらかじめ十分打合せをしておくこと。

② 投票所の設備を完全に整備しておくこと。

③ 選挙人名簿（抄本），投票箱，投票用紙その他投票に関する書類や物品を選管から受領すること。

④　選挙人名簿（抄本）及び投票用紙を厳重に保管すること。

⑤　選管委員長から送致を受けた不在者投票を厳重に保管すること（指定関係投票区の場合を除く）。

⑥　必要に応じて投票立会人を補充選任すること。

⑦　投票所を開閉すること。

⑧　投票箱に何も入っていないことを最初の選挙人に示すこと。

⑨　投票所の秩序を保持すること。

⑩　選挙人名簿（抄本）と対照確認して，選挙人に投票用紙を交付すること。

⑪　点字投票の申立てを受けること。

⑫　代理投票補助者２名を投票所の事務に従事する者のうちからあらかじめ選任しておくこと。

⑬　代理投票の申請を受けたときその拒否を決定すること。

⑭　選挙人が本人であるかどうかを確認できないとき宣言させること。

⑮　投票を拒否するかどうかを決定し，拒否の決定を受けた選挙人において不服があるときに，仮投票をさせること。

⑯　投票の状況を選管に報告すること。

⑰　不在者投票の受理，不受理等を決定し投票箱に投かんすること（指定関係投票区の場合を除く）。

⑱　投票箱を閉鎖すること。

⑲　投票録，その他必要な報告書をつくること。

⑳　投票箱，投票箱のカギ，投票録，選挙人名簿（抄本），投票所閉鎖時刻後に送致を受けた不在者投票（指定関係投票区の場合を除く），その他関係書類を開票管理者に送ること（投票管理者が同時に開票管理者である場合を除く）。この場合，送致に当たっては，開票所へ直行すること。

㉑　投票に関する書類や物品（開票管理者に送付したものを除く）を選管に引き継ぐこと。

（地方選）

4 投票管理者の確認事項

(1) 投票前日まで

事　　　項	確　認　項　目	確認欄	根拠法令
担当する投票所を確認したか	①　自らが投票管理者となる投票所の名称，位置等を確認したか		法37②⑥
	②　投票所を開く時刻と閉じる時刻は法定どおりか（原則として午前7時から午後8時まで）。時刻の繰上げや繰下げはないか		法40 法41の2 ⑥
	③　自らが投票管理者となる投票所は，指定投票区や指定関係投票区の投票所であるか確認したか		法37⑦ 令26
選管と十分打合せをしたか	①　選管が行う事務打合せ会に出席し，投票事務全般についてよく研究したか（出席しなかったときは選管と十分協議を終えているか）		
	②　疑問の点については，そのつど選管と事前打合せをしてあるか		
投票事務従事者の把握はできているか，事務分担，内容等について打合せをしたか	①　選管の選任した投票事務従事者と連絡をとってその人員，住所，氏名等をよく把握したか		
	②　各係の編成とその事務分担は決まっているか		
	③　投票事務従事者の心がまえ，各係の事務内容，注意すべき事項等について各事務従事者と検討（打合せ）を済ませたか ※特に臨時的任用職員（アルバイト）には十分な説明をするとともに，注意事項を遵守するよう注意を促すこと		
	④　当日遅参のないよう注意したか		
	⑤　当日，投票事務従事者がそろわない場合の対策はできているか		
投票所の下見と事前打合せをしたか	①　あらかじめ投票所の下見をすると同時に，施設の使用方法，設備，器具の借用等について施設の管理者と打合せをして協力を要請したか		
	②　投票所内の設備，配置等について，あらかじめ見取図を書いて検討をしたか		
	③　その結果，設備，配置その他事前に選管と打合せをしておいた方がよいと思われることがある場合，その打合せを済ませたか		

（地方選）

事　　　項	確　認　項　目	確認欄	根拠法令
投票立会人の選任通知を受けているか	選管から投票立会人の住所，氏名，党派別の通知を受けているか		令27
投票立会人との事前打合せをしたか	①　当日定刻（選管で決めた時刻，一般には投票開始前30分）までに，投票所に選任通知書と印鑑持参の上参会するよう連絡したか		
	②　職務内容を説明したか（職務の説明書を配布する等，選管によって異なる）		
投票用紙，選挙人名簿（抄本），その他必要な書類，物品，経費等の受領点検は終わったか，保管は厳重か	①　送付書の内訳と送付された投票用紙等の現品の種類，数量とが確実に一致しているか（47頁送付書内訳により確認する） ア　投票用紙の枚数は慎重に点検したか		令28
	イ　投票用紙，仮投票用封筒は投票に支障のないよう十分な枚数が送付されているか		
	☆　投票用紙は選挙の種別ごとにいずれもそろっているか（☆印欄は，同時選挙の場合確認）		
	ウ　選挙人名簿（抄本）が分冊されている場合，投票所の関係分が全部そろっているか		
	エ　指定投票区の場合は，関係するすべての指定関係投票区分の選挙人名簿（抄本）がそろっているか		
	オ　不在者投票に関する調書が送付されているか		令61
	カ　期日前投票により既に投票を済ませている選挙人の確認が行える書類等はそろっているか		
	キ　投票箱を確認したか		
	②　投票用紙，選挙人名簿（抄本）等の保管は厳重に行っているか		
	☆　投票用紙は，議会の議員の選挙と長の選挙（更に他の選挙がある場合はそれも含む）の種類ごとに区分して保管を行っているか		
	③　投票用紙等を投票当日の朝に受領することとしている場合は，その受領予定時刻については十分に余裕をみているか。また，途中で紛失したりすることのないよう選管と十分打合せをしたか		
	④　投票立会人の報酬その他必要な経費の支払準備はできているか		
投票所の設備は十分か	①　投票管理者，投票立会人の位置は，投票所内が見通し得るような場所としているか		令32

（地方選）

事　　　　　項	確　認　項　目	確認欄	根拠法令
	②　選挙人が円滑に投票できるよう，できるだけ配慮されているか		
	③　名簿対照，投票用紙交付，投票記載，投票箱の各位置は，投票所が混んだ場合でも，選挙人がまごつかずに順序よく入口から入って投票を済ませて出口に進めるよう選挙人の便宜と事務能率を考慮して配置してあるか ※投票記載所，投票箱等の設備について，選挙人がそれぞれの選挙ごとに別々の記載及び投票ができるよう配慮すること		
	④　投票が円滑に行われるようにするため，投票所内の入口等に投票の順序，投票所の見取図を掲示しているか。また，投票所内においては選挙人の投票のための順路を適切な方法で明示しているか ※特に，共通投票所を設置した際は，一定の時間に多数の選挙人が投票所に入場することも考えられることから，その動線の確保等がしっかりとなされているか		
	⑤　名簿対照を何人かの係員で手分けして行う場合，選挙人がどの係員のところに行けばよいかすぐわかるように考慮されているか		
	⑥　投票記載台は投票の記載が他から見えないように設けてあるか		
	⑦　投票記載台には鉛筆等の筆記具が置いてあるか		
	⑧　標準点字盤は用意してあるか		
	⑨　氏名掲示は誤りなくされているか 　ア　掲示は漏れなくされているか（記載台ごとに掲示する場合，一部の記載台のみに掲示されていることはないか）		法175
	イ　記載内容に誤りはないか（立候補届出の却下，候補者の死亡，立候補辞退とみなされた等のとき，これらの者に関する部分は抹消されているか。また，字画，ふりがな，党派に誤りはないか）		
	ウ　自己の属する開票区における氏名掲示の順序になっているか		
	エ　前回の選挙の氏名掲示が，仮にもそのまま掲示されているようなことはないか		
	オ　氏名掲示は汚れていないか		
	カ　点字による候補者名簿を備え付けたか		

（地方選）

事　　　　項	確　　認　　項　　目	確認欄	根拠法令
	⑩　氏名掲示等が選挙人に見やすくなるように便宜を図っているか 　ア　必要な数量の虫めがねや老眼鏡を備え付けているか		
	イ　投票記載台が暗い場合に照明灯が設置されているか		
	⑪　投票用紙交付，投票箱の位置は，投票の順序どおり誤りなくされているか		
	☆　選挙の種類ごとに誤りなく投票できるような配置となっているか		
	⑫　投票所内に候補者の氏名が記載され又は類推される額，表彰状，感謝状等が掲示されていないか		
	⑬　投票記載台から投票所周辺の選挙運動用及び政治活動用ポスター等が見えるようなことはないか		
	⑭　投票所内に照明の設備が必要な場合，これを設置したか		
	⑮　暖房の設備が必要な場合，これを設置したか		
	⑯　当日，投票所の入口に掲げる標札（看板）は用意してあるか。その記載内容に誤りはないか		
	⑰　投票所設備後，出入口のカギはかけてあるか。当日投票所を開くときまごつかないよう，カギの保管はよいか		
	⑱　どこからが投票所の敷地内であるかを確認したか。投票所外の道順案内はできているか		
投票箱，カギに異常はないか	①　投票箱に破損その他異常はないか		令33
	②　投票箱の表示は誤りなくされているか		
	③　カギの個数はそろっているか。破損しているものはないか。投票箱のカギ穴にカギがかかるか		
投票所入口の混雑及び非常の場合の対策は講じてあるか	①　雨などが降ってきたときに外に行列をつくっている選挙人のための対策を講じてあるか		
	②　投票所閉鎖時刻まぎわに到着した選挙人が行列をつくっている場合の対策は講じてあるか		
	③　停電，火災発生等非常の場合の対策を講じてあるか		

（地方選）

事　　　項	確　認　項　目	確認欄	根拠法令
送致された不在者投票の保管は厳重か〔指定関係投票区の場合を除く〕	投票日前日までに選管委員長から不在者投票の送致を受けた場合は，その保管を厳重に行っているか		令62①
投票箱送致の手配	開票所への輸送の手配はついているか		

(2) 投票当日投票開始前

事　　　項	確　認　項　目	確認欄	根拠法令
投票所設備の再点検	①　投票所の門戸に標札が掲げてあるか。記載内容に誤りはないか。投票所外の道順案内に異常はないか		
	②　各係の配置，選挙人の投票順路の表示等は適正か		
	③　投票箱及びカギに破損，個数不足その他の異常はないか		
	④　投票箱に何も入っていないか		
	⑤　氏名掲示は誤りなくされているか ア　掲示は漏れなくされているか（記載台ごとに掲示する場合，一部の記載台のみに掲示されていることはないか）		
	イ　記載内容に誤りはないか（立候補届出の却下，候補者の死亡，立候補辞退とみなされた等のとき，これらの者に関する部分は抹消されているか。また，字画，ふりがな，党派に誤りはないか）		
	ウ　自己の属する開票区における氏名掲示の順序になっているか		
	エ　前回の選挙の氏名掲示が，仮にもそのまま掲示されていることはないか		
	オ　氏名掲示は汚れていないか		
	カ　点字による候補者名簿を備え付けているか		
	⑥　投票所施設（敷地を含む）に選挙運動用及び政治活動用のポスター又は違法ポスターが掲示されていることはないか		
	⑦　投票用紙交付，投票箱の位置は，投票の順序どおり誤りなくされているか		

（地方選）

事　　　　　項	確　認　項　目	確認欄	根拠法令
	☆　選挙の種類ごとに誤りなく投票できるような配置となっているか		
	⑧　投票所内に候補者の氏名が記載され又は類推される額，表彰状，感謝状等が掲示されていないか		
	⑨　投票記載台から投票所周辺の選挙運動用及び政治活動用ポスター等が見えるようなことはないか		
投票用紙，選挙人名簿（抄本），筆記具等の再点検	①　投票用紙等を投票当日の朝に受領することとしている場合は，予定どおり受領したか。送致途中で異常がなかったことを確認したか		
	☆　投票用紙は議会の議員の選挙，長の選挙（更に他の選挙がある場合はそれも含む）の種類ごとに所定の場所に置かれていることを再確認したか。特に自動交付機を使用する場合には，正しく用紙がセットされているかを再確認したか（必ず事務従事者等と複数の者で確認すること）		
	②　投票用紙，仮投票用封筒の受領枚数に異常はないか		
	③　指定投票区の場合は，関係するすべての指定関係投票区分の選挙人名簿（抄本）及び不在者投票に関する調書がそろっているか		令28，61
	④　不在者投票に関する調書が送付されているか		令28，61
	⑤　選挙人名簿（抄本）に異常はないか。分冊されている場合，投票所の関係分が全部そろっているか		
	⑥　筆記具，点字投票印，標準点字盤等はそろっているか		
投票立会人，投票事務従事者の参集状況	①　投票立会人は２名以上そろっているか		法38②
	②　参会時刻を記録したか		
	③　投票立会人が２名を欠いた場合のために，補充選任の用意はできているか		
	④　投票事務従事者はそろっているか		
	⑤　投票立会人，投票事務従事者が所定の腕章（記章）をつけているか		
各係の執務態勢は整っているか	①　係員は所定の部署についているか		
	②　各係に必要な筆記具，書類等に不備はないか		
時計の調整	時計はラジオ，電話時報等により正確な時刻に合わせてあるか		

（地方選）

(3) 投票時間中

事　　　項	確　認　項　目	確認欄	根拠法令
投票所入口を開く	投票所を開くべき時刻にその旨を宣言すること		
選挙人が投票箱に何も入っていないことを確認したか	①　投票をする前に，最初に到着した選挙人及び投票立会人の立会いのもとに投票箱の中に何も入っていないことを確認したか		令34
	☆　選挙の種類ごとに投票箱を設ける場合には，すべての投票箱について確認すること		
	②　確認した選挙人の住所氏名を記録したか（記録した投票事務従事者等の氏名)(　　　　　　　　)		
	③　確認後投票箱の内ぶたにカギをかけたか		
	④　投票箱のカギの保管は適切か		
	⑤　どのような理由があっても投票の途中で投票箱を絶対に開いてはいけないことを承知しているか		
投票用紙の最終確認	☆　投票用紙は議会の議員の選挙，長の選挙（更に他の選挙がある場合はそれも含む）の種類ごとに所定の場所に置かれているか，自動交付機を使用する場合には，正しく用紙がセットされているか最終確認すること		
投票立会人の定足数	①　投票立会人が定足数2名を欠くことはないか		法38②
	②　万一，投票立会人が2名を欠いた場合 ア　欠けた時刻と理由を記録したか		
	イ　補充選任を行い時刻を記録したか		
代理投票補助者（2名）の選任（事前選任）は行ったか	①　選任について投票立会人の意見を聴いたか		法48②
	②　投票所の事務に従事する者のうちから補助者を選任したか		
投票事務従事者の事務処理は適正に行われているか	①　投票事務従事者は，それぞれ自己の分担事務をあらかじめ指示したとおり適正迅速に行っているか ア　選挙人の確認（選挙人名簿（抄本）との対照）は適確に行われているか ※特に，近年期日前投票者数が増加していることから，既に期日前投票等で投票済ではないか十分確認すること		法44 令35
	イ　投票用紙の交付は適確に行われているか ※特に複数の選挙が同時に行われる際には，投票用紙を別々に交付するなど適切な措置が必要		法45 令35

— 11 —

(地方選)

事　　　項	確　認　項　目	確認欄	根拠法令
	☆　投票用紙は，議会の議員の選挙，長の選挙（更に他の選挙がある場合はそれを含む）の種類ごとに，決められた順序に従って正しく交付されているか（選挙の種類を口頭で説明する場合には，誤った選挙の種類を説明することのないよう投票用紙の色や表示の違いに十分留意すること）		
	ウ　投票は決められた順序に従って行われているか ※投票の記載の混同等による無効投票事例が見受けられるので特に留意		
	エ　投票箱の投入口に投票用紙がつまっているようなことはないか		
	オ　選挙人が投票用紙を投票箱に入れないで持ち帰るようなことはないか		令37
	（入場券を発行している市町村にあっては） カ　入場券を紛失したり持参しなかった選挙人については本人であることを確かめているか		
	②　選挙人に対しては，親切な態度をとっているか。特に，障がい者や高齢者など歩行が困難な選挙人に対して係員が付き添うなど親切に誘導しているか		
	③　受付係等の机上に新聞紙（候補者の一覧表などが記載されていることがまゝある）その他投票に必要でないもの等が置かれていないか		
	④　投票事務従事者が，携帯電話等の操作（メール，インターネットの利用等）を行うなど，選挙人に不信感を与える行為をしていないか		
	⑤　投票の秘密保持に留意しているか		
特殊な投票の手続等が適正に行われているか	①　点字投票 　ア　投票記載台に標準点字盤があるか		法47 令39②
	イ　点字による候補者名簿の提示の求めがあった場合に直ちに対応したか		
	ウ　点字投票である旨の表示をした投票用紙を交付したか ※点字投票を行う選挙人に対しては，投票用紙を取り違えることのないように，選挙の種類や投票の順序について口頭で説明する等の措置が必要		
	エ　付添いは係員が当たっているか		
	オ　記録をしたか		

（地方選）

事　　　　項	確　認　項　目	確認欄	根拠法令
	②　代理投票 　　ア　申請を受けた場合，事由を確認したか		法48②
	イ　補助者は2名いるか（投票事務従事者に限る）		
	ウ　投票記載台における投票手続に入る前に，必要に応じて，選挙人の家族や付添人等との間で，候補者の氏名等の確認に必要な選挙人本人の意思の確認方法について事前打合せを行うよう補助者に指示したか		
	エ　記録をしたか		
	オ　投票の秘密保持に留意しているか		
	③　投票の拒否及び仮投票 　　ア　手続は適正か		法50 　②～⑤
	イ　記録をしたか		令41
	④　船員の投票 　　ア　選挙人名簿登録証明書を持っているか		令35②
	イ　投票用紙の交付を受けていないことを確認したか		
	ウ　選挙人名簿登録証明書に所定の事項を記載したか		
	⑤　不在者投票用紙返還による投票 　　ア　指定関係投票区の場合は，直ちに指定投票区の投票管理者に通知したか		令64② 令26の2①
	イ　投票用紙，投票用封筒及び不在者投票証明書を返還したか		
	ウ　記録をしたか		
	⑥　決定書又は確定判決書により投票した者について記録をしたか		法42①
	⑦　投票用紙の引換え 　　ア　汚損の投票用紙を返還させたか		令36
	イ　引換え再交付した者について再交付の事由，氏名を記録したか		
	⑧　指定関係投票区の場合は，必要があると認めたときは，指定投票区の投票管理者に直ちに通知したか		令26の2①
投票記載台に異常はないか 〔選挙人のいない時を見はからい見回ること〕	①　投票記載台に候補者の氏名その他落書きはしてないか		法59
	②　投票記載台に候補者の氏名等を書いた紙片，名刺その他余計なものが置かれていないか		
	③　鉛筆の芯が短くなったり，折れたままになっていないか		

事　　　　項	確　認　項　目	確認欄	根拠法令
氏名掲示に異常はないか 〔選挙人のいない時を見はからい見回ること〕	①　氏名掲示がなくなったり，破損したりしていないか		法59
	②　氏名掲示の特定候補者の箇所に落書きがしてあったり，名前が特に目立つような印がつけられていたり，抹消されているようなことはないか		
投票所の秩序は保たれているか	①　選挙人が混雑した場合にその整理がよく行われているか		法58，59，60
	②　投票所に出入りできる者以外の者が投票所内に入っていないか ※選挙人の同伴する子供（満18歳未満の者）は投票所に入ることができる（投票管理者が，選挙人の同伴する子供が投票所に入ることにより生ずる混雑，けん騒その他これらに類する状況から，投票所の秩序を保持することができなくなるおそれがあると認め，その旨を選挙人に告知したときは，この限りでない）		
	③　投票の済んだ者が用もないのに投票所内にとどまっていないか		
	④　演説，討論をし，又は騒ぐ者がいないか		
	⑤　投票について他人と相談したり，特定候補者に対して投票するようにすすめたりする者はいないか		
	⑥　障がい者や高齢者など歩行困難な選挙人に対して退場するまで係員が付き添うなど親切に誘導しているか		
	⑦　その他投票所の秩序を乱す者はいないか		
投票状況の中間速報	指定時刻に正確になされているか		
不在者投票の保管は確実に 〔指定関係投票区の場合を除く〕	①　選管委員長から送致された票数を不在者投票調書と照合して確認したか		令62①
	②　送致用封筒を開いて，その中に入っている投票用外封筒と不在者投票証明書（不在者投票証明書は交付を受けている場合に限る）をそのまま保管しているか		
	③　選挙人名簿との照合を行ったか		
	④　不在者投票者が投票開始時刻前に死亡又は失権していることはないか		
	⑤　保管場所はよいか		
投票関係書類等の作成準備はよいか	投票立会人の引継書類（交替を行う場合のみ），投票録，結果報告書等の作成の準備は進めているか		
送致する投票立会人	送致に当たる投票立会人は決まっているか		法55

— 14 —

（地方選）

⑷ 投票管理者，投票立会人が交替する場合

事　　　項	確　認　項　目	確認欄	根拠法令
選任の手続き	①　投票管理者が交代制をとる場合，それぞれの職務を行う時間を告示しているか		令25
	②　投票立会人が交代制をとる場合，それぞれの投票に立ち合うべき時間が投票管理者に通知されているか		令27
引継書類の作成	①　引継書類の記載は正確に行ったか		
	②　交替する投票管理者，投票立会人の署名はされたか		
投票立会人の定足数	①　投票立会人が定足数2名を欠くことはないか		
	②　万一，投票立会人が2名を欠いた場合　　ア　欠けた時刻と理由を記録したか		
	イ　補充選任を行い時刻を記録したか		

⑸ 投票の終了

事　　　項	確　認　項　目	確認欄	根拠法令
閉鎖時刻の確認	閉鎖時刻が近づいたらラジオの時報，電話時報等により時刻を注意しているか		
投票所入口を閉める	①　投票所を閉じるべき時刻にその旨の宣言をし，直ちに投票所の入口を閉めること		法53
	②　投票所に到着してまだ投票の終わらない選挙人はいないか。いる場合には，これらの者を投票所内に入れてから入口を閉める等の措置をとったか		
不在者投票の投かん〔指定関係投票区の場合を除く〕	①　投票立会人の意見を聴いて受理・不受理の決定又は拒否の決定をしたか		令63
	②　票数を確認したか（男女別）		
	③　不受理又は拒否の決定を受けた者を記録したか		
	④　受理と決定したもの，拒否と決定しなかったものの外封筒を開いて内封筒を取り出し，混同した上開封して投票用紙を投票箱に入れたか		
	⑤　不受理と決定したもの，拒否と決定したものは，外封筒を開けることなく再び送致用封筒に入れ仮封をし，表面記載（不受理の決定又は拒否の決定があった旨）をして投票箱へ入れたか		
	⑥　投票箱に入れ忘れたものはないか		
投票箱の閉鎖	①　投票所内にまだ投票の済んでいない選挙人はいないか		法53
	②　投票所外に退出を命じられた選挙人の投票は済んだか		法51
	③　不在者投票は投票箱に入れたか（保管場所及び投票所内に置き忘れているものはないか）		令63

事　　　　項	確　認　項　目	確認欄	根拠法令
	④　施錠は完全か		令43
投票者数の確認	①　残余の投票用紙の確認等をしたか		
	②　投票所内に投票用紙が落ちていないか確認したか		
投票録，その他報告書の作成	①　投票録，その他報告書の記載は正確に行ったか		法54
	②　投票録には，投票管理者，投票立会人（投票所閉鎖時において選任されている者）全員が署名をしたか		令61
	③　投票録に不在者投票に関する調書を添付したか（指定関係投票区の場合を除く）		
	④　投票録に宣言書及び投票立会人の引継書類を添付したか		令40
投票所閉鎖時刻後に送致された不在者投票	投票用封筒の裏面記載事項（受領年月日と時刻）の記入は済んだか		令65
投票箱のカギの保管	①　カギを別々の封筒に入れ，投票管理者・投票立会人（投票所閉鎖時において選任されている者）全員が封印したか		令43
	②　送致に当たる投票立会人は決まっているか		
	③　カギを入れた封筒の表面記載(投票区名,カギの区別,保管者の職氏名）は済んだか		
	④　カギの保管は適正か——投票管理者と投票箱を送致する投票立会人とがそれぞれ保管しているか		
結了報告は正確に	①　男女別に投票者数，投票率を正確に報告したか（同時選挙の場合には，選挙別に）		
	②　投票者数には投票所における投票者数に不在者投票者数を加えたか		
投票箱の管理	閉鎖後開票管理者に送致するまでの間，投票管理者及び投票立会人が管理しているか		令44
投票箱等の送致	①　送致の準備 　ア　投票箱はすぐに持ち出せるようになっているか		法54，55 令43，65
	イ　投票箱は運搬中に事故が起きないよう厳重に注意をはらっているか		
	ウ　投票箱のカギはきちんと保管されているか		
	エ　送致目録は作成されているか		

（地方選）

事　　項	確　認　項　目	確認欄	根拠法令
	オ　投票箱と一緒に送致すべき書類，物品は用意されているか 送致すべきもの ・投票箱等送致目録 ・投票箱 ・投票箱のカギ ・投票録（宣言書，投票管理者及び投票立会人の引継書類，不在者投票に関する調書（指定関係投票区の場合は除く）を添付する） ・選挙人名簿（抄本） ・投票所閉鎖時刻後送致を受けた不在者投票 ・その他投票に関する書類，物品（選管へ送付するものを除く） ※選挙人名簿が磁気ディスクをもって調製されている場合には，当該選挙人名簿に記録されている全部若しくは一部の事項又は当該事項を記載した書類を送付しなければならない。		
	カ　出発予定時刻，開票所到着予定時刻等について選管に必要な連絡は済んだか		
	キ　事故に対する対策はできているか		
	②　送致 　ア　送致目録と照合して引き渡し物品の確認をしたか		法55
	イ　送致に当たる投票立会人は終始立ち会っているか		
	ウ　開票管理者の受領確認を受けたか		
	エ　送致途中での事故はなかったか		
投票に関する書類，物品（開票管理者に送致したものを除く）の選管への引継ぎ	①　汚損，残余の投票用紙，仮投票用封筒の整理はよいか		
	②　投票用紙等使用数調を作成したか		
	③　選管へ引き継いだ後，選管から受領確認を受けたか		
投票所の後片付け	投票箱を送り出してから投票所の後片付けを指示したか		

（地方選）

II 投 票 立 会 人

1 投票立会人の心がまえ

投票立会人は，投票管理者のもとにおいて，投票事務の公平を確保するため公益代表として投票事務全般に立ち会う重要な職責を有するものである。

① 定刻までに必ず選任通知書及び印鑑を持って参会すること。やむを得ない事情があって参会できないときは，速やかに選管と投票管理者に連絡すること。

② 投票立会人は，投票事務が公正，適確かつ迅速に処理され，選挙人が自由な意思に従って投票することができるよう，投票管理者に意見を申し出るなど投票管理者に協力することが大切である。なお，投票管理者に意見を申し出る場合は，投票手続が進行中のことでもあるので，簡潔にその要点を申し述べるよう心がけることが必要である。

③ みだりに投票所外へ出ないこと。

用便その他真にやむを得ない理由がある場合のほかは投票所を出ないこと。やむを得ず投票所外に出るときは，同時に席を立たないようにすること（席を立つときは投票管理者に連絡する。）。

④ 投票立会人は，ひとたび承諾して投票立会人となった以上は，その公益代表としての職責上，病気その他やむを得ない事故等正当な理由がなくして辞職することはできないことになっており，また，その職務を怠ったときには罰則の適用がある。

2 投票立会人の主な仕事

投票立会人は，投票が行われる際に，投票事務に参与するとともに，投票事務の執行が公正に行われるよう立ち会うことがその役目である。その担任する事務の主なものは次のとおりである。なお，立会時間を定めて選任された場合には，その期間中に行われる手続について立ち会えばよいものである。

(1) 投票手続の全般について立ち会うこと。

① 投票所の開閉に立ち会うこと。

② 最初の選挙人が投票する前に，投票所内にいる選挙人の面前で投票箱を開き，投票箱に何も入っていないことの確認に立ち会うこと。

③ 選挙人の選挙人名簿（抄本）との対照に立ち会うこと。

④ 選挙人に対する投票用紙の交付に立ち会うこと。

⑤ 不在者投票の投かんに立ち会うこと（指定関係投票区の場合を除く）。

（地方選）

⑥　投票箱の閉鎖に立ち会うこと。

⑦　その他投票手続の全般について立ち会うこと。

(2)　意見を述べること。

①　次の場合に意見を述べること。なお，投票管理者は，投票立会人の意見は聞くが，それに拘束されることなく自らの判断によって決定することができる。投票立会人は，この投票管理者の決定について次の②の異議があるときは，意見を述べることができる。

ア　投票を拒否することについて意見を求められたとき。

イ　代理投票を拒否することについて意見を求められたとき。

ウ　代理投票補助者の選任についての意見を求められたとき。

エ　不在者投票を受理するかどうかについての意見を求められたとき（指定関係投票区の場合は除く）。

オ　受理の決定を受けた不在者投票の代理投票の仮投票があるときに拒否するかどうかについての意見を求められたとき（指定関係投票区の場合は除く）。

②　次の異議がある場合に意見を述べること（①以外の場合でも次の異議があるときは意見を述べることができる）。

ア　選挙人が投票を拒否されたこと又は投票を拒否されないことについて異議があるとき。

イ　選挙人が代理投票を認められたことについて異議があるとき。

(3)　投票所閉鎖時刻に選任されている投票立会人は，投票録に必ず署名（自署）すること。なお，投票所閉鎖時刻前に交替した投票立会人は，引継書を作成すること。

(4)　投票箱等の送致に当たる投票立会人は，投票箱のカギ（一のカギの封筒）を保管し，投票管理者とともに投票箱等を開票管理者のもとに送致すること。この場合，開票所へ直行すること。

（地方選）

3 投票立会人の確認事項

(1) 投票前日まで

事　　　　　項	確　　認　　項　　目	確認欄	根拠法令
選任通知を受けているか	選任通知書を受けとったか		法38① 法41の2⑤
職務内容を理解したか	職務内容の説明を受け，理解したか（又は，職務内容の説明書の送付を受け，これを読んで理解したか）		
当日，投票所に参会する時刻の連絡を受けたか	選管と投票管理者から，投票当日投票所に参会する時刻について連絡を受けたか（連絡を受けていない場合，選管に連絡すること）		
やむを得ない事故等により辞職するとき	やむを得ない事故等正当な理由で辞職するときは，速やかに選管と投票管理者に連絡したか		法38⑤

(2) 投票当日投票開始前

事　　　　　項	確　　認　　項　　目	確認欄	根拠法令
選任通知書と印鑑の持参	選任通知書と印鑑を持参してきたか		
腕章（記章）は着用したか	所定の腕章（記章）は着用したか		
やむを得ない事故等により参会できないとき	やむを得ない事故等正当な理由で参会できないときは，速やかに選管と投票管理者に連絡したか		
投票所設備等の点検	①　投票記載台 　ア　筆記具がそろっているか		令32
	イ　他人がのぞいたり，投票用紙の交換等の不正が行われないようになっているか		
	②　氏名掲示は誤りなくされているか 　ア　掲示が漏れなくなされているか		法175
	イ　記載内容に誤りはないか（候補者の死亡等の場合に該当部分は抹消されているか，また，字画，ふりがなに誤りはないか）		
	ウ　破損，汚損はないか		
	エ　投票記載台からよく見えるか		
	③　投票箱及びカギに破損，個数不足その他の異常はないか		令33
	④　各係の配置，選挙人の投票順路の表示は適正か		

（地方選）

(3) 投票時間中

事　　項	確　認　項　目	確認欄	根拠法令
投票立会人の定足数	投票立会人が定足数2名を欠いていないか 席をはなれるときは，投票管理者に連絡したか		法38②
投票箱に何も入っていないことの確認の立会い	最初の選挙人が投票する前に，投票所内にいる選挙人の面前で投票箱を開き，投票箱に何も入っていないことの確認に立ち会ったか		令34
	☆　選挙の種類ごとに投票箱を設ける場合には，すべての投票箱について確認すること		
投票事務の執行が公正に行われているか	①　選挙人の確認（選挙人名簿（抄本）との対照）は適確に行われているか		法44 令35
	②　投票用紙の交付は適確に行われているか		法45 令35
	☆　投票用紙は，議会の議員の選挙，長の選挙（更に他の選挙がある場合はそれを含む）の種類ごとに決められた順序に従って正しく交付されているか		
	③　投票箱の投入口に投票用紙がつまっているようなことはないか		
	④　選挙人が投票用紙を投票箱に入れないで持ち帰るようなことはないか		令37
	⑤　代理投票，仮投票，点字投票の手続が適正に行われているか		法47, 48, 50 令39, 40, 41
	⑥　投票所の秩序は保たれているか		法59, 60
	⑦　投票の秘密保持に留意されているか		
	⑧　投票管理者から意見を求められたとき，あるいは異議があるときに意見を述べたか 　　（19頁「投票立会人の主な仕事」(2)を参照）		法48②, 50②⑤ 令41①③

(4) 投票立会人が交替する場合

事　　項	確　認　項　目	確認欄	根拠法令
引継書類への署名	①　引継書類は正確に記載されているか		
	②　引継書類に署名をしたか		
投票立会人の定足数	投票立会人が定足数2名を欠いていないか		

（地方選）

(5) 投票の終了

事　　　　項	確　認　項　目	確認欄	根拠法令
投票所入口閉鎖の確認	投票所を閉じるべき時刻に投票管理者がその旨の宣言をし，直ちに投票所入口を閉めたことを確認したか		法53
不在者投票の投かん〔指定関係投票区の場合を除く〕	①　不在者投票を受理するかどうか，受理の決定を受けた不在者投票の代理投票の仮投票を拒否するかどうかについて投票管理者から意見を求められたときに意見を述べたか		令63①②
	②　投票箱に入れ忘れたものはないか		令63③④
投票箱の閉鎖及び投票箱，カギの保管	①　投票所内にまだ投票の済んでいない選挙人が残っていないか		法53
	②　投票所外に退出を命じられた選挙人の投票は済んだか		法51
	③　不在者投票は投票箱に入れたか（保管場所及び投票所内に置き忘れているものはないか）		令63
	④　施錠は完全か		令43
	⑤　投票箱の送致に当たる投票立会人は決まっているか		法55
	⑥　カギを別々の封筒に入れ，投票管理者・投票立会人（投票所閉鎖時刻において選任されている者）全員が封印したか		令43
	⑦　カギを入れた封筒の表面記載（投票所名，カギの区別，保管者の職氏名）は済んだか		
	⑧　カギの保管——投票管理者と投票箱を送致する投票立会人とがそれぞれ保管しているか		
	⑨　投票箱は，閉鎖後開票管理者に送致するまでの間，投票所外に持ち出すことなく投票管理者及び投票立会人が管理しているか		令44
投票録の署名（投票所閉鎖時刻において選任されている場合）	①　投票録の記載は正確に行われているか		法54
	②　投票録に署名をしたか		
投票箱等の送致	①　投票箱のカギはきちんと保管しているか		法55令43
	②　送致途中の事故はなかったか		
送致に当たる投票立会人	送致に付き添ったか		法55

（地方選）

Ⅲ　投票事務従事者

1　投票事務従事者の心がまえ

①　所定の時刻までに参集し，部署に着くこと。

　ア　所定の時刻までに投票所に参集し，投票開始に支障のないよう諸準備を済ませること。

　イ　所定の腕章等を着用すること。

　ウ　当日，病気その他やむを得ない事故のため出勤できないときは，速やかに選管と投票管理者に連絡すること。

②　細心の注意を払うこと。

　　投票は選挙全体の手続のうちでも中心をなすものであるため，1人のささいな誤りが選挙の結果に重大な影響を及ぼすことにもなるので，細心の注意を払うこと。何度も投票事務を行っていると事務になれて安易な気持ちになりがちであるが，大きな誤りはそういったところに原因があるので，十分注意すること。

　　なお，投票事務の執行に当たり疑義が生じたときは，経験や常識によってのみ判断することなく，責任者の指示を受けて処理すること。

③　選挙人に対し親切，公正な態度で接すること。

　　投票事務従事者は，常に明るく親切な態度で選挙人に接し，選挙人が気軽に投票できるように心がけること。事務多忙のあまりそっけない態度をとるようなことがあってはならない。また，選挙人から質問を受けたときは正確に答え，（わからないときは責任者の指示を受け，独断で答えないこと。）どんな人にも同じような態度で接し，特定の人に対してのみ特に便宜を図ったりすることのないように公正な態度をとるとともに，疑惑を招くような言動は厳に慎み干渉的な行為をすることのないように注意すること。

　　また，障がい者や高齢者など介助を必要とする選挙人に対しては，必要に応じて付き添って助力するなど投票しやすいように心掛けること。

　　なお，選挙人の同伴する子供（満18歳未満の者）は投票所に入ることができる。ただし，投票管理者が，選挙人の同伴する子供が投票所に入ることにより生ずる混雑，けん騒その他これらに類する状況から，投票所の秩序を保持することができなくなるおそれがあると認め，その旨を選挙人に告知したときは，この限りでないことにも留意すること。

④　投票の秘密は厳重に守ること。

⑤　所定の事務を忠実に行い，みだりに席を離れないこと。

　　各人の担任事務は他の担当係員との緊密な連携により行われていくものであり，一部署が欠けると投票事務の全体が停止することとなるから，忠実に所定の事務を処理し，みだりに

（地方選）

席を離れないこと。やむを得ず席を離れなければならないときは，事務に支障のないように連絡してから離れること。また，投票所内で選挙人と相談したり，選挙人の記載する投票が見えるような場所へは立ち寄らないこと。

⑥　事務処理は，適正に行うこと。

2　投票事務従事者の確認事項

(1)　投票前日まで

事　　　　項	確　　認　　項　　目	確認欄	根拠法令
事務打合せ会	事務打合せ会に出席し，各係の編成と自己の担当する事務の処理要領をよく理解したか		
参集時刻	投票日当日の参集時刻を確認したか		

(2)　投票当日投票開始前

事　　　　項	確　　認　　項　　目	確認欄	根拠法令
参集と投票所設備の整備	①　不必要なものを持ち込んでいないか		
	②　所定の腕章（記章）をつけているか		
	③　担当事務の準備は済ませたか		
	④　所定の部署についたか		

(3)　投票時間中
(注)（市町村によっては係の設置，係の分担事務が本表と異なることもあるので留意すること。）

事　　　　項	確　　認　　項　　目	確認欄	根拠法令
受付係（到着番号記入係）	到着番号を記入し，名簿対照係の繁閑に応じて名簿対照係へ誘導しているか		
名簿対照係	①　選挙人の住所・氏名を選挙人名簿（抄本）と確実に照合し，単に入場券のみによることなく，性別，年齢等から本人であることを確認しているか		法44令35
	②　対照は適確に行っているか		
	③　名簿（抄本）の表示の意味を理解して，対照に十分注意しているか		
	④　不在者投票用紙返還による投票 　ア　投票用紙，投票用封筒及び不在者投票証明書を返還したか		令64②

（地方選）

事　　　　項	確　認　項　目	確認欄	根拠法令
	イ　投票管理者に知らせたか		
	ウ　記録をしたか		
投票用紙交付係	☆　投票用紙は議会の議員の選挙，長の選挙（更に他の選挙がある場合はそれも含む）の種類ごとに所定の場所に置かれていることを再確認したか。特に自動交付機を使用する場合には，正しく用紙がセットされているかを再確認したか		
	①　名簿対照を終了した選挙人であることを確認しているか		法44，45令35
	☆　投票用紙は議会の議員の選挙，長の選挙（更に他の選挙がある場合はそれを含む）の種類ごとに，決められた順序に従って正しく交付されているか		
	②　投票用紙の種類，公印もれ，印刷ミス等を慎重に確認して1枚ずつ交付しているか		法36，45
	☆　投票用紙は，選挙の種類を選挙人に告げて確認しながら交付しているか		
	☆　選挙の種類ごとに棄権した者の数を記録しているか		
	③　点字投票の場合は，点字投票である旨の表示をした投票用紙を交付し，所定の用紙に記録をしているか		法47令39②
	④　代理投票の場合は，所定の用紙に記録をしているか		
	⑤　船員の投票の場合は選挙人名簿登録証明書に所定の事項を記載しているか		令35②
	⑥　投票用紙再交付の場合は，汚損の用紙を返還させてから再交付し，所定の用紙に記録をしているか		令36
	⑦　投票用紙の交付数と入場券の数，番号簿等を随時照合して，投票用紙交付数を確認しているか		

（地方選）

事　　　項	確　認　項　目	確認欄	根拠法令
庶務係（会場整理係，監視係） 見回りのため投票記載台や投票箱，氏名掲示に近づくときは，選挙人のいない時を見はからって行うこと	①　（入場券を発行している市町村にあっては）入場券を紛失し，又は持参しなかった等の理由により入場券の再交付を求める選挙人について，必ず本人であるかどうか十分に確認し，未投票であることを確認して再交付しているか		
	②　障がい者や高齢者など歩行困難な選挙人については，退場するまで係員が付き添い，親切に誘導しているか		
	③　投票用紙を投票箱に入れないで持ち帰ることはないか		令37
	④　投票について他人と相談したり，特定候補者に対して投票するようにすすめたりする者はいないか		法59，60
	⑤　その他投票所の秩序を乱す者はいないか		
	⑥　投票記載台に候補者の氏名その他の落書きはないか		
	⑦　投票記載台に候補者の氏名等を書いた紙片その他余計なものが置かれていないか		
	⑧　投票記載台に鉛筆等の筆記具はそろっているか，芯が折れていないか		
	⑨　氏名掲示がなくなったり，破損したりしていないか		
	⑩　氏名掲示の特定候補者の箇所に落書きや印がつけられたり，抹消されたりしていないか		
	⑪　点字による候補者名簿の提示の求めがあった場合，直ちに対応したか		
	⑫　投票箱の投入口に投票用紙がつまっているようなことはないか		
	⑬　選管への報告は適確に行っているか		
	⑭　投票録，結果報告書等投票関係書類の作成準備はよいか		
	⑮　代理投票において，投票記載台における投票手続に入る前に，必要に応じて，選挙人の家族や付添人等との間で，候補者の氏名等の確認に必要な選挙人本人の意思の確認方法について事前打合せをしたか		

（地方選）

事　　　　　項	確　　認　　項　　目	確認欄	根拠法令
	⑯　代理投票においては，投票の秘密保持に留意し，記載した候補者名を選挙人に告げて確認しているか		

⑷　投票の終了

事　　　　　項	確　　認　　項　　目	確認欄	根拠法令
投票終了事務	①　各係は定められた事務要領に従って諸報告書類の作成及び残った投票用紙，選挙人名簿（抄本），関係書類の整理及び引継ぎを完了したか		
	②　各係は決められた報告手続をすべて終えたか		
	③　投票者数を報告したか		
投票所の後片付け	①　投票所設備を速やかに撤去したか		
	②　借用物件を返却したか		

（地方選）

IV 期日前投票

1 期日前投票所の投票管理者, 投票立会人, 投票事務従事者としての心がまえ

期日前投票制度は, 選挙の当日, 一定の理由によって投票所におもむいて投票することができないと見込まれる選挙人などのために, 選挙期日の前でも投票できるように設けられた制度である。

投票管理者は, 期日前投票の管理について, 法令に則り, 適正な事務処理を行わなければならないが, 他方で, 選挙人に気持ちよく投票してもらう必要があるという2つの要請を調和させなければならない。このため, 管理執行は難しいものになろうが, 選挙が民主主義の基本をなすべきものであることにかんがみ, 公正かつ適確にこれを行わなければならないことから, 特に, 次の点に留意が必要である。

① 期日前投票事務を公正かつ適正に処理するため, 前もって分担事務の処理について計画を立て, 最もスムーズに事務の処理ができるように検討しておくこと。

② 期日前投票は, 当日投票と同様に確定投票であることから, 投票に関する公職選挙法上の規定が一部を除きそのまま適用されていることにかんがみ, 適正な事務処理が行われるよう制度を理解するとともに, 事前に投票立会人及び投票事務従事者等と十分な打合せを行うこと。

③ 期日前投票所の投票管理者, 投票立会人については, それぞれ一般の投票における場合と同様に, 職権濫用による選挙の自由妨害罪, 投票の秘密侵害罪, 投票偽造罪, 投票立会人の義務を怠る罪等の罰則適用があるので, いやしくもこれらの罰条に触れることのないよう注意すること。

④ 投票管理者は, 選挙当日の投票管理者同様, 在職中, その関係区域内において, 選挙運動をすることができない。

2 期日前投票所の投票管理者の主な仕事

① 職務代理者及び投票事務従事者を把握し, 投票事務についてあらかじめ十分打合せをしておくこと。

② 期日前投票所の設備を完全に整備しておくこと。

③ 選挙人名簿 (抄本), 投票箱, 投票用紙その他投票に関する書類や物品を選管から受領すること。

④ 選挙人名簿 (抄本) 及び投票用紙を厳重に保管すること。

⑤ 必要に応じて投票立会人を補充選任すること。

(地方選)

⑥　期日前投票所を開閉すること。

⑦　期日前投票期間の初日において，最初の選挙人が投票する前に，期日前投票所内にいる選挙人の面前で投票箱を開き，投票箱に何も入っていないことを示すこと。

⑧　期日前投票所の秩序を保持すること。

⑨　選挙人名簿（抄本）と対照し，期日前投票事由に該当する旨の宣誓書が提出された後，選挙人に投票用紙を交付すること。

⑩　点字投票の申立てを受けること。

⑪　代理投票補助者２名を期日前投票所の事務に従事する者のうちからあらかじめ選任しておくこと。

⑫　代理投票の申請を受けたときその拒否を決定すること。

⑬　選挙人が本人であるかどうかを確認できないとき本人である旨を宣言させること。

⑭　投票を拒否するかどうか決定し，拒否の決定を受けた選挙人において不服があるときに，仮投票をさせること。

⑮　投票箱を閉鎖すること。

⑯　投票録，その他必要な報告書を作ること。

⑰　期日前投票所を設ける期間の末日においては，投票箱，投票箱のカギ，投票録，選挙人名簿（抄本），その他関係書類を市町村の選管に送ること。

⑱　投票に関する書類や物品（開票管理者に送付したものを除く）を選管に引き継ぐこと。

3　期日前投票所の投票立会人の主な仕事

(1)　投票手続の全般について立ち会うこと。

　①　期日前投票所の開閉に立ち会うこと。

　②　期日前投票期間の初日において，最初の選挙人が投票する前に，期日前投票所内にいる選挙人の面前で投票箱を開き，投票箱に何も入っていないことの確認に立ち会うこと。

　③　選挙人の選挙人名簿（抄本）との対照及び期日前投票事由に該当する旨の宣誓書の提出に立ち会うこと。

　④　選挙人に対する投票用紙交付に立ち会うこと。

　⑤　投票箱の閉鎖に立ち会うこと。

　⑥　その他投票手続の全般について立ち会うこと。

(2)　意見を述べること。

　①　次の場合に意見を述べること。なお，投票管理者は，投票立会人の意見は聞くが，それ

　　　　　　　　　　　　　　　（地方選）

に拘束されることなく自らの判断によって決定することができる。

　　ア　投票を拒否することについて意見を求められたとき。

　　イ　代理投票を拒否することについて意見を求められたとき。

　　ウ　代理投票補助者の選任についての意見を求められたとき。

　②　投票立会人は，この投票管理者の決定について次の異議があるときは，意見を述べることができる。

　　ア　選挙人が投票を拒否されたこと又は拒否されないことについて異議があるとき。

　　イ　選挙人が代理投票を認められたことについて異議があるとき。

(3)　投票所閉鎖時刻に選任されている投票立会人は，投票録に必ず署名(自署)すること。なお，投票所閉鎖時刻前に交替した投票立会人は，引継書を作成すること。

4　期日前投票所の投票管理者の確認事項

(1)　期日前投票開始日の前日（公示日）まで

事　　　　項	確　　認　　項　　目	確認欄	根拠法令
担当する期日前投票所を確認したか	①　自らが投票管理者となる期日前投票所の位置等を確認したか		
	②　自らが投票管理者となる期日前投票所の投票期間を確認したか（期日前投票所を複数設けた場合は，一の期日前投票所を除き選管が期日前投票の期間を指定することができる）		法48の2⑥読替後法41
	③　自らが投票管理者となる期日前投票所を開く時刻と閉じる時刻を確認したか（期日前投票のできる時間は，原則として午前8時30分から午後8時までの間であるが，選管が設けた期日前投票所の数が一である場合，開始時刻を2時間以内の範囲内で繰り上げ，又は閉鎖時刻を2時間以内の範囲内で繰り下げることができる。また，期日前投票所を複数設けた場合は，午前8時30分から午後8時まで，いずれか一つ以上の期日前投票所が開いていれば，開始時刻を2時間以内の範囲内で繰り上げ，若しくは繰り下げ，又は閉鎖時刻を繰り上げ，若しくは2時間以内の範囲内で繰り下げることができる。）		法48の2⑥読替後法40
選管と十分打合せをしたか	①　選管が行う事務打合せ会に出席し，期日前投票事務全般についてよく研究したか（出席しなかったときは選管と十分協議を終えているか）		

事　　項	確　認　項　目	確認欄	根拠法令
	②　二つ以上の期日前投票所が設けられている場合は，二重投票を防止するため，期日前投票所間で選挙人の投票済み情報を共有する体制が構築されているか		法48の2②
	③　自らが職務を行うべき日について確認したか		令49の7読替後令25
	④　疑問の点については，そのつど選管と事前打合せをしてあるか		
投票事務従事者の把握はできているか，事務分担，内容等について打合せをしたか	①　選管の選任した投票事務従事者と連絡をとってその人員，住所，氏名等をよく把握したか		
	②　各係の編成とその事務分担は決まっているか		
	③　投票事務従事者の心がまえ，各係の事務内容，注意すべき事項等について各投票事務従事者と検討（打合せ）を済ませたか ※特に臨時的任用職員（アルバイト）には十分な説明をするとともに，注意事項を遵守するよう注意を促すこと		
	④　当日遅参のないよう注意したか		
	⑤　当日，投票事務従事者がそろわない場合の対策はできているか		
期日前投票所の下見と事前打合せをしたか	①　あらかじめ期日前投票所の下見をすると同時に，施設の使用方法，設備，器具の借用等について施設の管理者と打合せをして協力を要請したか		
	②　期日前投票所内の設備，配置等について，あらかじめ見取図を書いて検討したか		
	③　その結果，設備，配置その他事前に選管と打合せをしておいた方がよいと思われることがある場合，その打合せを済ませたか		
投票立会人の選任通知を受けているか	選管から投票立会人の住所，氏名，その者の立ち会うべき日，党派別の通知を受けているか		令49の7読替後令27
投票立会人との事前打合せをしたか	①　当日定刻（選管で決めた時刻）までに，期日前投票所に選任通知書と印鑑持参の上参会するよう連絡したか		

（地方選）

事　　　　項	確　　認　　項　　目	確認欄	根拠法令
	②　職務内容を説明したか（職務の説明書を配布する等，選管によって異なる）		
投票用紙，宣誓書，選挙人名簿（抄本），その他必要な書類，物品，経費等の受領点検は終わったか，保管は厳重か	①　送付書の内訳と送付された投票用紙等の現品の種類，数量とが確実に一致しているか ア　投票用紙の枚数は慎重に点検したか		令49の7 読替後 令28
	イ　投票用紙，仮投票用封筒は投票に支障のないよう十分な枚数が送付されているか		
	ウ　投票用紙は選挙の種類ごとにいずれもそろっているか		
	エ　期日前投票所を複数設置している場合で，当該期日前投票所において期日前投票を行うことができる選挙人の範囲について一定の区域で限定をかけている場合，その区域の選挙人名簿（抄本）がすべてそろっているか（全区域が対象の場合はすべての選挙人名簿（抄本）がそろっているか） ※期日前投票をする時点において満18歳未満でありながら選挙人名簿に登録されている者については，満18歳に達する日まで期日前投票が行えないことに留意（当該者は不在者投票で対応）		
	オ　十分な数の宣誓書が用意されているか		
	カ　不在者投票に関する調書が送付されているか		
	キ　投票箱は確認したか		
	②　投票用紙は，選挙の種類ごとに区分し，保管を厳重に行っているか。また，選挙人名簿（抄本）等の保管は厳重か ※投票用紙の管理及び受払いについては，特に慎重に取り扱い，不正使用，紛失等の事故が生じることのないよう，保管者及び保管場所の選定，交付簿の整備について特に留意すること		
	③　投票用紙等を期日前投票初日の朝に受領することとしている場合は，その受領予定時刻については十分に余裕をみているか		

事　　　　　項	確　　認　　項　　目	確認欄	根拠法令
	④　投票立会人の報酬その他必要な経費の支払準備はできているか		
期日前投票所の設備は十分か	①　投票管理者，投票立会人の位置は，期日前投票所内が見通し得るような場所としているか		令49の7 読替後 令32
	②　選挙人が円滑に投票できるよう，できるだけ配慮されているか		
	③　宣誓書記載・提出，名簿対照，投票用紙交付，投票記載，投票箱の各位置は，期日前投票所が混んだ場合でも，選挙人がまごつかずに順序よく入口から入って投票を済ませて出口に進めるよう選挙人の便宜と事務能率を考慮して配置してあるか ※投票記載所，投票箱等の設備について，選挙人がそれぞれの選挙ごとに別々の記載及び投票ができるよう配慮すること		
	④　投票が円滑に行われるようにするため，期日前投票所内の入口等に投票の順序，期日前投票所の見取図を掲示しているか。また，期日前投票所内においては選挙人の投票のための順路を適切な方法で明示しているか		
	⑤　名簿対照を何人かの係員で手分けして行う場合，選挙人がどの係員のところに行けばよいかすぐにわかるように考慮されているか		
	⑥　投票記載台は投票の記載が他から見えないように設けてあるか		
	⑦　宣誓書記載台，投票記載台には鉛筆等の筆記具が置いてあるか。標準点字盤は用意してあるか		
	⑧　氏名掲示は誤りなくされているか		法175
	ア　掲示は漏れなくされているか（記載台ごとに掲示する場合，一部の記載台のみに掲示されていることはないか）		
	イ　記載内容に誤りはないか（立候補届出の却下，候補者の死亡，立候補辞退とみなされた等のとき，これらの者に関する部分がその都度抹消されているか。字画，ふりがなに誤りはないか）		

（地方選）

事　　　　項	確　認　項　目	確認欄	根拠法令
	ウ　自己の属する開票区における氏名掲示の順序になっているか		
	エ　前回の選挙の氏名掲示が，仮にもそのまま掲示されているようなことはないか		
	オ　氏名掲示は汚れていないか		
	カ　点字による候補者名簿を備え付けたか		
	⑨　氏名掲示等が選挙人に見やすくなるように便宜を図っているか 　ア　必要な数量の虫めがねや老眼鏡を備え付けているか		
	イ　投票記載台が暗い場合に照明灯が設置されているか		
	⑩　投票用紙交付，投票箱の位置は，投票の順序どおり誤りなくされているか		
	⑪　期日前投票所内に候補者の氏名等が記載され又は類推される額，表彰状，感謝状等が掲示されていないか		
	⑫　投票記載台から期日前投票所周辺の選挙運動用及び政治活動用ポスター等が見えるようなことはないか。		
	⑬　照明の設備が必要な場合，これを設置したか		
	⑭　期日前投票初日当日，期日前投票所の入口に掲げる標札（看板）は用意してあるか。その記載内容に誤りはないか		
	⑮　期日前投票所設備後，出入口のカギはかけてあるか。当日に期日前投票所を開くときまごつかないよう，カギの保管はよいか		
	⑯　どこからが期日前投票所の敷地内であるかを確認したか。期日前投票所外の道順案内はできているか		
投票箱，カギに異常はないか	①　投票箱に破損その他異常はないか		令33
	②　投票箱の表示は誤りなくされているか		
	③　カギの個数はそろっているか。破損しているものはないか。投票箱のカギ穴にカギがかかるか		

（地方選）

事　　　項	確　認　項　目	確認欄	根拠法令
期日前投票所入口の混雑及び非常の場合の対策は講じてあるか	①　雨などが降ってきたときに外に行列をつくっている選挙人のための対策は講じてあるか		
	②　期日前投票所閉鎖時刻まぎわに到着した選挙人が行列をつくっている場合の対策は講じてあるか		
	③　駅構内やショッピングセンター等頻繁に人の往来がある場所に期日前投票所を設けた場合，選挙人が一定の時間（朝や夕）に集中して到来することを想定してあるか		
	④　停電，火災発生等非常の場合の対策を講じてあるか		
投票箱の管理	①　期日前投票期間中の各日に投票箱を閉鎖してから翌日に開くまでの保管方法の扱いについては打ち合わせてあるか（原則として期日前投票所においてそのまま保管となるが，必要があれば持ち出すことも可能）		令49の7読替後令44
	②　期日前投票の期間の末日に，投票箱，投票録，選挙人名簿等を市町村の選管に送致する手配はついているか（当日投票の送致と異なり，投票立会人の随行は不要）		法48の2⑤読替後法55

(2)　**期日前投票開始前**

事　　　項	確　認　項　目	確認欄	根拠法令
期日前投票所設備の再点検	①　期日前投票所の門戸に標札が掲げてあるか。記載内容に誤りはないか。期日前投票所外の道順案内に異常はないか		
	②　各係の配置，選挙人の投票順路の表示等は適正か		
	③　投票箱及びカギに破損，個数不足その他の異常はないか		
	④　投票箱に何も入っていないか		
	⑤　氏名掲示は誤りなくされているか 　ア　掲示は漏れなくされているか（記載台ごとに掲示する場合，一部の記載台のみに掲示されていることはないか）		

事　　　　項	確　　認　　項　　目	確認欄	根拠法令
	イ　記載内容に誤りはないか（立候補届出の却下，候補者の死亡，立候補辞退とみなされた等のとき，これらの者に関する部分は抹消されているか。字画，ふりがなに誤りはないか）		
	ウ　自己の属する開票区における氏名掲示の順序になっているか		
	エ　前回の選挙の氏名掲示が，仮にもそのまま掲示されているようなことはないか		
	オ　氏名掲示は汚れていないか		
	カ　点字による候補者名簿を備え付けたか		
	⑥　期日前投票所施設（敷地を含む）に選挙運動用及び政治活動用のポスター又は違法ポスターが掲示されていることはないか		
	⑦　投票用紙交付，投票箱の位置は，投票の順序どおり誤りなくされているか		
	⑧　期日前投票所内に候補者の氏名等が記載され又は類推される額，表彰状，感謝状等が掲示されていないか		
	⑨　投票記載台から期日前投票所周辺の選挙運動用及び政治活動用ポスター等が見えるようなことはないか		
投票用紙，選挙人名簿（抄本），筆記具等の再点検	①　投票用紙等を期日前投票開始当日の朝に受領することとしている場合は，予定どおり受領したか。送致途中で異常がなかったことを確認したか		
	②　投票用紙，仮投票用封筒の受領枚数に異常はないか		
	☆　投票用紙は議会の議員の選挙，長の選挙（更に他の選挙がある場合はそれも含む）の種類ごとに所定の場所に置かれていることを再確認したか。特に自動交付機を使用する場合には，正しく用紙がセットされているかを再確認したか（必ず投票事務従事者等と複数の者で確認すること）		

（地方選）

事　　　項	確　認　項　目	確認欄	根拠法令
	③　期日前投票所を複数設置している場合で，当該期日前投票所において期日前投票を行うことができる選挙人の範囲について一定の区域で限定をかけている場合，その区域の選挙人名簿（抄本）がすべてそろっているか（全区域が対象の場合はすべての選挙人名簿（抄本）がそろっているか）		
	④　宣誓書が所定の場所に置かれていることを再確認したか		
	⑤　筆記具，標準点字盤等はそろっているか		
投票立会人，投票事務従事者の参集状況	①　投票立会人は２名そろっているか		法48の2⑤ 読替後法38
	②　参会時刻を記録したか		
	③　投票立会人が２名を欠いた場合のために，補充選任の用意はできているか		
	④　投票事務従事者はそろっているか		
	⑤　投票立会人，投票事務従事者が所定の腕章（記章）をつけているか		
各係の執務態勢は整っているか	①　係員は所定の部署についているか		
	②　各係に必要な筆記具，書類等に不備はないか		
（導入している場合）期日前投票システムの調整	期日前投票システム等の電子機器類は正常に起動しているか		
時計の調整	時計はラジオ，電話時報等により正確な時刻に合わせてあるか		

(3)　投票時間中

事　　　項	確　認　項　目	確認欄	根拠法令
期日前投票所の入口を開く	期日前投票所を開くべき時刻にその旨を宣言すること		
選挙人が投票箱に何も入っていないことを確認したか	①　投票をする前に，最初に到着した選挙人及び投票立会人の立会いのもとに投票箱の中に何も入っていないことを確認したか		令49の7 読替後令34
	☆　投票の種類ごとに投票箱を設ける場合には，すべての投票箱について確認すること		

（地方選）

事　　　　　項	確　　認　　項　　目	確認欄	根拠法令
	②　確認した選挙人の氏名を記録したか（記録した投票事務従事者等の氏名）（　　　　　）		
	③　確認後投票箱の内ぶたにカギをかけたか		
	④　投票箱のカギの保管は適切か		
投票用紙，宣誓書の最終確認	☆　投票用紙は議会の議員の選挙，長の選挙（更に他の選挙がある場合はそれも含む）の種類ごとに所定の場所に置かれているか，自動交換機を使用する場合には，正しく用紙がセットされているか，また，宣言書が所定の場所に置かれているか最終確認すること		
	☆　宣誓書が所定の場所に置かれているか最終確認すること		
投票立会人の定足数	①　投票立会人が定足数2名を欠いていないか		法48の2⑤ 読替後法38②
	②　万一，投票立会人が2名を欠いた場合 ア　欠けた場合は時刻と理由を記録したか		
	イ　補充選任を行い，その時刻を記録したか		
代理投票補助者(2名)の選任（事前選任）は行ったか	①　選任について投票立会人の意見を聴いたか		法48②
	②　期日前投票所の事務に従事する者のうちから補助者を選任したか		
投票事務従事者の事務処理は適正に行われているか	①　投票事務従事者は，それぞれ自己の分担事務をあらかじめ指示したとおり適正迅速に行っているか ア　宣誓書の提出は適確に行われているか（記入漏れ等がないか確認しているか）		
	イ　選挙人の確認（選挙人名簿（抄本）等との対照）は適確に行われているか ※宣誓書の記載内容（氏名等）と一致しているか確認すること		
	ウ　投票用紙の交付は適確に行われているか		
	エ　投票は決められた順序に従って行われているか		
	オ　投票箱の投入口に投票用紙がつまっているようなことはないか		
	カ　選挙人が投票用紙を投票箱に入れないで持ち帰るようなことはないか		

（地方選）

事　　　　項	確　認　項　目	確認欄	根拠法令
	（入場券を発行している市町村にあっては） キ　入場券を紛失したり持参しなかった選挙人 　　については本人であることを確かめているか		
	②　選挙人に対しては，親切な態度をとっている 　　か。特に障がい者や高齢者など歩行が困難な選 　　挙人に対して係員が付き添うなど親切に誘導し 　　ているか		
	③　受付係等の机上に新聞紙（候補者等が掲載さ 　　れていることが ま ま ある）その他投票に必要の 　　ないもの等が置かれていないか		
	④　投票事務従事者が，携帯電話等の操作(メール, 　　インターネットの利用等）を行うなど，選挙人 　　に不信感を与える行為をしていないか		
	⑤　投票の秘密保持に留意しているか		
特殊な投票の手続等が 適正に行われているか	①　点字投票 　ア　投票記載台に標準点字盤があるか		法47 令39②
	イ　点字による候補者名簿の提示の求めがあっ 　　　た場合に直ちに対応したか		
	ウ　点字用の宣誓書を用意していない場合，受 　　　け付けた投票事務従事者が内容を聞き取り， 　　　選挙人に代わって記入したか		
	エ　点字投票である旨の表示をした投票用紙を 　　　交付したか 　　　※点字投票を行う選挙人に対しては，投票用 　　　紙を取り違えることのないように，選挙の種 　　　類や投票の順序について口頭で説明するなど 　　　の措置が必要		
	オ　付き添いは係員が当たっているか		
	カ　記録をしたか		
	②　代理投票 　ア　申請を受けた場合，事由を確認したか		法48
	イ　補助者は２名いるか（期日前投票所事務従 　　　事者に限る）		

（地方選）

事　　　　項	確　　認　　項　　目	確認欄	根拠法令
	ウ　投票用紙に記載した候補者名等の名称若しくは略称を選挙人に確認させるよう補助者に指示したか		
	エ　記録をしたか		
	オ　投票の秘密保持に留意しているか		
	③　投票の拒否及び仮投票 　　ア　手続は適正か		法50 　　②〜⑤
	イ　記録をしたか		令41
	④　船員の投票 　　ア　選挙人名簿登録証明書を持っているか		令35②
	イ　投票用紙の交付を受けていないことを確認したか		
	ウ　選挙人名簿登録証明書に所定の事項を記載したか		
	⑤　不在者投票用紙返還による期日前投票 　　ア　選挙人名簿（抄本）により不在者投票用紙を交付済みであることを確認したか		令64②
	イ　送付書等により，その不在者投票用紙が本人のものであるかどうかを確かめた上で，不在者投票用紙等を返還させたか		
	ウ　所定事項について記録をしたか		
	⑥　決定書又は判決書により投票した者について記録したか		法42①
	⑦　投票用紙の引換え 　　ア　汚損の投票用紙を返還させたか		令36
	イ　引換え再交付した者について再交付の事由，氏名を記録したか		
投票記載台に異常はないか 〔選挙人のいない時を見はからい見回ること〕	①　投票記載台に候補者の氏名等その他落書きはしてないか		法59
	②　投票記載台に候補者の氏名等を書いた紙片，名刺その他余計なものが置かれていないか		
	③　鉛筆の芯が短くなったり，折れたままになっていないか		

（地方選）

事　　　　項	確　認　項　目	確認欄	根拠法令
氏名掲示に異常はないか 〔選挙人のいない時を見はからい見回ること〕	①　氏名掲示がなくなったり，破損したりしていないか		法59
	②　氏名掲示の特定候補者の箇所に落書きがしてあったり，名前が特に目立つような印がつけられていたり，抹消されていたりするようなことはないか		
期日前投票所の秩序は保たれているか	①　選挙人が混雑した場合にその整理がよく行われているか		法58，59，60
	②　期日前投票所に出入りできる者以外の者が投票所内に入っていないか ※選挙人の同伴する子供（満18歳未満の者）は投票所に入ることができる（投票管理者が，選挙人の同伴する子供が投票所に入ることにより生ずる混雑，けん騒その他これらに類する状況から，投票所の秩序を保持することができなくなるおそれがあると認め，その旨を選挙人に告知したときは，この限りではない。）		
	③　投票の済んだ者が用もないのに投票所内にとどまっていないか		
	④　演説，討論をし，又は騒ぐ者がいないか		
	⑤　投票について他人と相談したり，特定候補者等に対して投票するようにすすめたりする者はいないか		
	⑥　障がい者や高齢者など歩行困難な選挙人に対して，親切に誘導しているか		
	⑦　その他期日前投票所の秩序を乱す者はいないか		

⑷　投票管理者，投票立会人が交替する場合

事　　　　項	確　認　項　目	確認欄	根拠法令
選任の手続き	①　投票管理者が交代制をとる場合，それぞれの職務を行う日及び時間を告示しているか		令49の7 読替後 令25
	②　投票立会人が交代制をとる場合，それぞれの投票に立ち合うべき日及び時間が投票管理者に通知されているか		令49の7 読替後 令27
引継書類の作成	①　引継書類の記載は正確に行ったか		
	②　交替する投票管理者，投票立会人の署名はされたか		

（地方選）

事　　　項	確　　認　　項　　目	確認欄	根拠法令
投票立会人の定足数	①　投票立会人が定足数2名を欠くことはないか		法48の2⑤
	②　万一，2名を欠いた場合 　ア　欠けた時刻と理由を記録したか		読替後 法38
	イ　補充選任の時刻を記録したか		

(5)　期日前投票の終了

事　　　項	確　　認　　項　　目	確認欄	根拠法令
閉鎖時刻の確認	閉鎖時刻が近づいたらラジオの時報，電話時報等により時刻を注意しているか		
期日前投票所入口を閉める	①　期日前投票所を閉じるべき時刻にその旨の宣言をし，直ちに期日前投票所の入口を閉めること		法48の2⑤ 読替後 法53
	②　期日前投票所に到着してまだ投票の終わらない選挙人はいないか。いる場合には，これらの者を期日前投票所内に入れてから入口を閉める等の措置をとったか		
投票箱の閉鎖	①　期日前投票所内にまだ投票の済んでいない選挙人はいないか		法48の2⑤，読替後法53
	②　期日前投票所外に退出を命じられた選挙人の投票は済んだか		法48の2⑤，読替後法51
	③　施錠は完全か		令49の7 読替後 令43
投票者数の確認	残余の投票用紙の確認等をしたか		
期日前投票所投票録，その他報告書の作成	①　期日前投票の期間中，毎日，投票録を作成し正確に記載を行っているか		法54
	②　投票録には，期日前投票管理者・投票立会人（その日の期日前投票所閉鎖時において選任されている者）全員が署名したか		
	③　投票録に宣言書及び投票立会人の引継書類を添付したか		
投票箱のカギの封印	①　期日前投票の期間中，毎日，投票箱閉鎖後にカギを別々の封筒に入れ，期日前投票管理者・投票立会人（その日の期日前投票所閉鎖時において選任されている者）全員で封印しているか		令49の7 読替後 令43

　　　　　　　　　　　　　　　　　　（地方選）

事　　　　項	確　認　項　目	確認欄	根拠法令
	②　期日前投票の期間中のカギの保管は適正か		
期日前投票日最終日の投票箱等の送致	①　送致の準備 　ア　投票箱はすぐに持ち出せるようになっているか		
	イ　投票箱は運搬中に事故が起きないよう厳重に注意を払っているか		
	ウ　投票箱のカギはきちんと保管されているか		
	エ　投票箱と一緒に送致すべき書類，物品は用意されているか 　　　送致すべきもの 　　　　・投票箱等送致書（目録） 　　　　・投票箱 　　　　・投票箱のカギ 　　　　・投票録（宣誓書，投票管理者及び投票立会人の引継書類を添付する） 　　　　・選挙人名簿（抄本） 　　　　・その他期日前投票に関する書類，物品		
	オ　（期日前投票が選管と別の建物で実施されていた場合）期日前投票所の出発予定時刻，選管到着予定時刻等について必要な連絡は済んだか		
	カ　（特に，期日前投票が選管と別の建物で実施されていた場合）事故に対する対策はできているか		
	②　送致 　ア　選管への引き渡し物品に間違いはなかったか 　　　※期日前投票に係る投票箱の送致については，選挙期日当日の投票所における投票箱の送致と異なり，投票立会人の随行は必要ない		法48の2⑤ 読替後法55
	イ　送致途中での事故はなかったか		
期日前投票に関する書類，物品の選管への引継ぎ	①　汚損，残余の投票用紙，仮投票用封筒の整理はよいか		
	②　投票用紙等使用数調を作成したか		
	③　選管へ引き継いだ後，選管から受領確認を受けたか		
期日前投票所の後片付け	投票箱を送り出してから期日前投票所の後片付けを指示したか		

（地方選）

V　確認事項追加用用紙

（この余白には，各市町村において前記の確認事項以外
の事項について適宜確認のためご利用ください。）

事　　　　項	確　　認　　項　　目	確認欄	根拠法令

（地方選）

事　　　項	確　認　項　目	確認欄	根拠法令

（地方選）

事　　　項	確　認　項　目	確認欄	根拠法令

（地方選）

Ⅵ　投票所物品送付書（確認用紙）の参考例

(参考例)　　　　　　　　　　　　　　　　　　　　　　　　　　（　　　　　投票区）

投票所物品送付書（確認用紙）		（一例を示したものであり，市町村によって交付物品が異なることもあるので留意すること）						

物　　品　　名		数　量	確認欄	物　　品　　名		数　量	確認欄
投票用紙	知　事　選　挙	枚		投票所標札		枚	
	県　議　会　選　挙	枚		返戻入場券		枚	
点字投票用紙	知　事　選　挙	枚		投票箱のカギを入れる封筒		枚	
	県　議　会　選　挙	枚		投票箱の表示		枚	
点字投票印		個		投票箱		個	
選挙人名簿抄本		冊		投票箱のカギ		個	
仮投票用封筒		枚		投票記載台		台	
投票録用紙		部		標準点字盤		個	
投票録記載例		部		投票管理者，投票立会人及び投票事務従事者腕章		枚	
投票立会人の引継書類の用紙		部					
投票立会人の引継書類の記載例		部		麻縄		本	
宣言書		枚		鉛筆		ダース	
投票当日有権者数調		枚		糊		個	
関係書類用紙一式 (1) 投票箱等送付書(送致目録)		部		画鋲		箱	
				更紙		若干	
(2) 投票用紙等使用数調				紙紐（太，細）		若干	
(3) 投票箱空虚確認書				封筒（大，中，小）		若干	
(4) 投票立会人報酬領収書				セロテープ		個	
(5) 投票所借上料領収書				輪ゴム，クリップ		若干	
(6) 係員出席表				残品納入袋		枚	
(7) 代理投票補助者承諾書				残投票用紙納入袋		枚	
(8) 代理投票者名簿				事務ノート		冊	
(9) 投票用紙再交付者名簿				懐中電灯		個	
(10) 入場券再交付者名簿				ナイフ		個	
(11) 点字投票をした者の名簿				ハサミ		丁	
(12) いずれか一方の選挙を棄権した者の数調				土足用敷物		枚	
				スタンプ台		個	
(13) 仮投票調書				印肉		個	
(14) 投票状況報告書				コンセント器具		個	
到着番号表		冊		延長コード		本	
候補者氏名掲示		枚		照明器具		個	
再交付用入場券		枚		暖房器具		個	
各係の表示札		枚					

　　　　　　　　　　　　　　　　　　　　　　　（地方選）

◎気づいたことはメモしましょう。